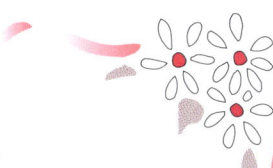

シリーズ 母親教室と私 1

明るい家庭と楽しい子育て

日本教文社

児童教育に関する神示

多くの母親は子供のことを余りに取越苦労するために、却って子供に悪思念を放送して子供の健康や運命を害している。或る母親は一瞬間でも自分の眼の前にいないと心配でたまらないのである。彼は自分の想像の中で、躓いて転んでいる自分の子供の姿を思い浮べる。自動車にひかれて死にかかっている自分の子供の姿を思い浮べる。水に陥って溺れかかっている自分の子供の姿を思い浮べる。世の母親よ、何故あなたはこの反対をして

は可けないのか。こんな取越苦労が起るのは、子供を神の子だと思わないで人間の子だと思うからである。神の子は神が育て、人間の子は人間が育てる。人間の子だと思うものは終世、取越苦労をして育てねばならぬ。子供を神の子だと思うものは、子供を尊敬して出来るだけその世話をさせては頂くが、神が守っていい給うと信ずるが故に取越苦労は必要はないのである。人間力で子供を生かし得ると思うなら終日終夜起きて子供の番をしておれ。それは出来なかろう。出来ない間に子供を生かしているのは神の力である。

はしがき

生長の家 白鳩会会長　勅使川原　淑子

明るく伸びやかな子供達の笑い声を耳にし、又、生命を輝かせて成長する様子を目に致しますと、子供達の未来が限りなく幸福に満たされたものでありますようにと、願わずにはいられません。

生長の家の創始者でいらっしゃる谷口雅春先生は、奥様の谷口輝子先生とご一緒に、女性の真の幸福を希(ねが)われて、"生長の家白鳩会"を創立下さり、『白鳩』誌を創刊下さいました。創刊の辞には次のように謳(うた)われております。

「生命の在るところ必ず道がある。（中略）道は形なく一つなれども、その顕れは、無限である。男性には男性の道があり、女性には女性の道がある。ひっくるめて人のみちを守ればその儘(まま)で人生は幸福だと云うことは出来ないのである。（中略）女性的天分の愛と美と調和と平和と優しさとを拡大して行く実際運動の機関として、連絡者として此の雑誌は使命を持つものである」

この精神のもとに、私達生長の家白鳩会は、女性の天分を自らが尊びながら、明るくゆたかな生活を送る女性達の輪を広げるために、日本国内はもとより、世界の各国・地域において、

幅広い活動を展開しております。

その一環として、未婚、既婚を問わず〝母性を生きる幸福〟などについて研鑽する場として、母親教室が開かれております。

とりわけお母様方は、子供達のライフステージに応じて生じる諸々の問題を、母親教室に参加することで、見事に解決され、幸福になられています。そして子供の生命を祝福、礼拝しつつ、生きる術(すべ)を正しく子供と共に学ばれながら、明るい幸せな家庭を築いていらっしゃいます。

それらの喜びの体験は枚挙にいとまはございませんが、この度は国内の十一名の方々の体験談をご紹介申し上げます。これらの体験談が貴女さまのご生活に少しでも、やすらぎをお届け出来ますようにとの祈りをこめて、この小冊子を上梓(じょうし)致しました。

母親教室のサブテキストとしても、ご使用頂きますので、貴女さまの知人、友人の方々へもご案内下さいませ。

最後にこの度の体験談の募集に関しましては、各教区の教化部長の皆様方と白鳩会教区連合会長様の温かい御協力を頂きました。また、本書の編集に当り、日本教文社第二編集部の御協力を頂きました。記して、心より感謝申し上げます。

平成十三年三月一日

目 次

はしがき　　生長の家 白鳩会会長　勅使川原　淑子　4

胎児〜乳幼児の体験　8

赤ちゃんからのプレゼント
　滋賀県　榎並千恵子　9

二男の死の悲しみを乗り越えて
母親教室からいただいたもの
　徳島県　大西　淳子　14

小学生〜中学生の体験　26

父との和解、長男の不登校を解決
母親教室に救われて
　東京都　國本日登美　19

――長男のいじめ、アトピーが治る
　京都府　西尾　幸枝　27

　兵庫県　矢野　泉　34

母親の心が変わったとき　　　　　　　　　　　　島根県　浅井　典子　40

高校生の体験　46

長男の不登校が教えてくれた　　　　　　　　　　長野県　松井　光子　47
「母親教室」の素晴らしさ

母親教室で子育ての不安解消　　　　　　　　　　札幌市　本間ひろ子　54
み教えを知り、たくさんの功徳をいただいて　　　福島県　矢森　澄江　59

大学生〜青年の体験　64

子供に導かれて　　　　　　　　　　　　　　　　高知県　秋山　幸恵　65
働きながら母親教室を開催する喜び　　　　　　　長崎県　杉村佐代子　67

母親教室へのお問い合わせ先　70

胎児〜乳幼児の体験

生長の家総裁、谷口清超先生は、次のようにお示し下さっております。

『確かに出産や育児にはかなりの困難が伴うかも知れないが、同時に子供が生まれ育つにつれての数限りない喜びや楽しみも味わうものだ。そして何よりも人類や国の発展に寄与することが出来るのである。何故ならその反対に女性が子供を生まなくなると、必ず人類は地上から姿を消すだろうし、現代日本のように夫婦が一生に生む子供の数が一・五人くらいになると、やがて日本国の人口は二十一世紀内に半減し、やがて経済力も政治力も次第に縮小して行くことになるからである。』

《谷口清超先生著『ステキな生き方がある』一六六頁》

出産や子育ての色々の問題を、生長の家の生き方を学ぶことによって乗り越えられ、喜び一杯の生活をしていらっしゃる榎並さん、大西さん。兄嫁さんから毎月送付された『白鳩』誌を読むことにより、子育ての不安を乗り越えられた國本さんの体験をご紹介致します。

赤ちゃんからのプレゼント

滋賀県　榎並千恵子

私には、現在小学校六年生と二年生、そして、一歳になる三人の男の子がいます。その三男を授かった時の、お話をさせていただきます。

平成十二年の二月、七年振りに、たくさんの方のご愛念を一杯いただいて、待望の三番目の子供を授かることができました。丁度一年前の六月、この子ができたと分かった時に、私は心から喜ぶことができませんでした。それは、過去に五回もの自然流産の経験があるからです。その度に、夫や家族に心配をかけ、私自身も、とても辛くて悲しい思いをしてきました。

最近、ようやく〝神様はもう欲を出さずに二人の子供を大切に育てなさい〟とゆ

うてはるんかなあ"と、思える心境になれた矢先に、妊娠していることが分かったのです。

繰り返す流産に、私の身体を心配してくれた主人は、今回の思いがけないおめでたに、複雑な心境だったようです。主人から"今から出産すれば停年になって子供を大学へ入れねばならない。何よりお母さんの身体と丈夫な子供が産まれるかどうか心配だから、今回は諦めてくれないか"と言われました。

折しも、家の新築の計画も進んでいる時でしたので、私は、産みたい気持ちと、流産の不安や主人の思い等を色々考えながら、どうすることもできず、毎日暗い気持ちのまま、母親教室に参加したのです。

不思議にも、その月は「生命の神秘」(子供は宝)というテーマでした。講師の北先生は、まるで私の事情をご存知かのように、いのちの尊さや、経済的理由で子供を中絶してはいけないこと、子供は神様が育てて下さること等を、心を込めて話して下さいました。まるで神様が私のために用意して下さったようなタイミングでした。

北先生は、その時の私の様子がいつもと違うのに気付かれて、訳を聞いて下さい

ました。私はその時の悶々とした気持ちを全てお話して、「このような時でも、夫にハイですか」と尋ねると、「実相のご主人にハイですから、すべて神様におまかせしましょう」と答えて下さったのです。

それ以来、〝私に必要ならばきっと神様が良いようにして下さるに違いない、自分でどうしようかなんて悩まずに、神様におまかせしよう〟と、心を決めました。私の心が決まると、その内、自然と、夫もお腹の子の無事な成長を願ってくれるようになったのです。

それでも、四カ月くらいまではいろいろ不安もありましたが〝神様におまかせ！

おまかせ!″との思いで母親教室には毎月欠かさず、予定日の直前まで参加させていただくことができました。

そして、平成十二年の二月二十日、無事に三男、龍太郎を出産することができました。

今、我が家は一昨年のことが嘘のように、幸せいっぱいです。二人のお兄ちゃん達は、よく私を助けて三男を可愛がってくれますし、主人自身も、両親が年をとってから産まれた子でしたので、今この子を通して、親への感謝の気持ちを深めているようです。

平成十二年、三月の『白鳩』誌では、「ふ

れ愛母親教室」のコーナーで、私達、野洲の母親教室を取り上げて下さり、記念に残る号になりました。また、その月のテーマが「出産と育児について」ということも、私にとっては、本当に神様が私を見守って下さっているんじゃないかしら、と思える程、不思議な巡り合わせを感じました。
　神様のお導きで、また一から子育てを楽しむチャンスをいただきました。これからも、母親教室で学んだことを、家庭に、子育てに、生かしていきたいと思っております。ありがとうございます。

二男の死の悲しみを乗り越えて

徳島県　大西淳子

「お子さんは？」と聞かれ「上は高校生で下に小学生が二人います」と答えると、大抵の方が「まぁ、ずいぶん年が離れてるんですね」と言われるので「実は上の子とは三つ違いの弟がいたんですけど、亡くなったんです」と答えると、相手の方が気の毒そうな表情をするので、あわてて今はとっても幸せなことを付け加えます。

亡くなった次男の姿は目に見えませんが、大切な子供の一人には変わりなく、私の心にしっかりと生き続けております。

平成三年四月、夕方から姿の見えなくなった次男晃二を、近所の多勢の方々やお友達が探して下さり、ようやく午後十一時過ぎ、自宅近くの川で溺死している晃二

の姿が発見されたのです。可愛いさかりの五歳だった晃二は明るくひょうきんで、優しく誰からも好かれる人気者でした。余りの突然のできごとにショックで、しばらくは何も手につかず、我を失いかけていましたが、生長の家の皆様の御愛念に慰められ勇気づけられ、私の心はまもなく癒されました。けれど、主人と義父母の深い悲しみや、一人っ子になった長男の寂しさを思うと、すぐにまた子供がほしくなり〝もう一度、お母さんの子供として生まれて来てちょうだい〟と毎日真剣に祈りました。そして翌年女の子を授かり、元気な男の子もと願っていると、その二年後に男の子を授かりました。どんなに強く抱きしめても冷たいままの、幼い我が子の感触を忘れることはできませんが、次男の死を通して、私は子供がただ生まれてきてくれたことだけに感謝できるようになりました。そして子供たちを抱きしめては〝温かいよ、温かいよ、ありがとう〟と繰り返し、嬉しくて嬉しくて、涙があふれたことが何度もありました。

また、母親教室をしておりますと、人のお役に立てるありがたさや悦びがあります。最近もとても嬉しいことがありました。それは姉の友人で、平成十一年の一月

15

と三月に子供さんを亡くされた二人の方を紹介され、お会いした時のことです。私にはお二人の悲しみが痛い程解りました。そして、私が生長の家の方々に励ましていただいた言葉を、そのまま一所懸命お伝えしました。生き通しの命のことや、亡くなることは悲しいことだけれど、霊界では逆にお誕生日で、ご先祖様や身内の人達が皆で「お帰り」とニコニコ顔で迎えて下さること、子供達は親達を悲しませるために亡くなったわけではなく、人生の勉強が早く終わってしまった優等生だということ等をお話しました。私も当時を思い出し、いろいろ辛かったこと等も聞いていただきました。

次の日、そのうちのお一人から、"二人で話したんですが、大西さんみたいになれるなら、生長の家って素晴らしい宗教なんだね。私たちも、大西さんのように年を重ねたい"という電話をいただきました。"生長の家って素晴らしい"という言葉が何よりも嬉しく思いました。お話をさせていただいた私の心のほうが、満たされていたことに気付き、胸が一杯になりました。

姉二人と共にもう一度始めから真理を真剣に学ぼうと、母親教室を自宅で始めさ

せていただいています。母親教室のリーダーとなった一番の喜びは、この素晴らしい真理をお伝えできることです。そして母親教室は試着室のようなものです。来て下さった方の魂に生長の家のみ教えを試着していただきますと、ほとんどの方が〝わぁピッタリ、ありがとう〟と喜んで下さいます。中には〝まだいいわ〟という方もいらっしゃいますが、私は生きていく中で、生長の家のみ教えは、なくてはならない真理だと確信しています。

　そして、お伝えするためには、まず私自身を素敵な女性として磨かなければならないと思っています。今まで支えて下さった主人と義父母に感謝し、これからも私の生長の家セールスレディの人生を、元気一杯、母と二人の姉と共に歩んでいきます。

母親教室からいただいたもの

東京都　國本日登美

合掌ありがとうございます。

私は町田市小野路で母親教室のリーダーをさせていただいておりますが、母親教室のお役をお受けするまでの経緯と、母親教室の内容をお話させていただきます。

生長の家と私のご縁は、木更津に住んでおります、主人の兄嫁に当たる義姉のお蔭でした。初めての子供がお腹の中にいます時に、義姉は私に、聖経と聖経を写経した腹帯と、三冊の『白鳩』誌を送って下さいました。

初めて手にする聖経を開き、「七つの灯台の点灯者の神示」を、読み進むうちに胸が熱くなりました。「汝ら天地一切のものと和解せよ。天地一切のものとの和解が成

立するとき、天地一切のものは汝の味方である。」という箇所を読んだ時は、〝すごい言葉だなあ、全てのものと和解したとき、天地一切のものが私の味方になるなんて〟と、素晴らしい真理の言葉に感激したことを、今も覚えています。
お蔭様で、その年に無事長女を、その次の年には二女を出産いたしました。それからは子育てに忙しく、毎月送られてくる『白鳩』誌に目を通すだけの日々が続きました。
その後しばらくしまして、私の実家も遠く、知り合いもいない中、人との出会いを求めて、教化部に電話をかけ、母親教室を紹介していただきました。そこで家の近くで母親教室を開いておられる、中浜さんという方を教えていただき、子供二人を連れて母親教室に通いました。別にこれといった悩みがあったわけではありませんが、漠然とした将来への不安や子育ての不安などはありました。
母親教室でお聞きする先生のご講話の素晴らしさ、また初めて「心の法則」ということを教えていただき、「心の法則」に正しく則った生活をしていけば、大丈夫なのですよ」との言葉に、今まで肩に力が入っていたのが嘘のように、何があって

20

も〝大丈夫〟と、不安の心が少しずつなくなっていったのです。

また、先輩方の子育ての助言など一言一言が、私には勉強になりました。それからしばらくして母親教室のリーダーが、中浜さんから小池さんに変わり、そして平成九年の冬、私にリーダーをというお話をいただきました。ちょうどその時、二女のアトピー性皮膚炎に悩んでいた時でしたが、「ハイ」とお受けしました。しかし家が狭く他の会場の方がいいかしらとも考えたのですが、自宅の方がいいですよ、と言われ、主人も快く承諾してくれましたので、自宅でさせていただくことになりました。

平成十年四月の開催に向けて、主人もテーブルを買って来てくれたりと、準備を手伝ってくれました。また先輩の中浜さん、小池さんにもいろいろとアドバイスをしていただき、無事先生をお迎えし、たくさんの方に来ていただくことができました。平成十年の八月は夏休みのため休会しましたが、それ以外は、お蔭様で毎月休むことなく開催することができました。

予定通りに母親教室を行うことができるのも、主人や子供達が元気でいてくれる

お蔭だと、いつも家族の協力に感謝しています。また、母親教室のお蔭で、素晴らしい先生を自宅へお迎えすることもできますし、これまでまったく接点のなかった人でも、家に来て下さるようになり、本当にありがたいと心から感謝しています。

私達の母親教室では、当日は聖経をあげ、聖歌を歌い、先生のご紹介をし、ご講話をお願いします。講話後、感想や質問、また相談などをお聞きしますが、他の方の質問も、決して他人ごとではなく、先生のお答えの中には、必ず自分の身になる言葉が、たくさん入っています。この他、昼食なども挟みながら和気藹々（わきあいあい）と話が進みます。

また、教室では「ニコニコ通信」という通信を作っています。ご講話のテープ起こしをし、「ニコニコ通信」に抜粋して載せています。これは先輩の中浜さんが「いきいきママ」を、小池さんが「ハイニコポン」という通信を出していましたので、私は「ニコニコ通信」と名前を変えて、今も続けています。

通信には次回の母親教室の日時・場所・テーマ・そして来て下さる先生のお名前を載せて、それを毎月『白鳩』誌に挿み、愛行の時に配っています。通信を作るこ

とは、テープで何度も先生のご講話を聞きながら、自分の心に響く言葉を紙に書き、パソコンに入力していきますので、心の中に真理の言葉の一つ一つが刻み込まれていくように思います。「ニコニコ通信」を作っていますと、途中でやめてしまうわけにはいきませんので、私にはとても良い励みになります。その陰には、機械に弱い私に、パソコンを一から教えてくれた、主人の大きな協力があったからこそ続けてこられたと思います。

〝いい人との出会いを〟という願いから始まった私の母親教室への参加でしたが、本当に素晴らしい人との出会いがたくさんあります。やはり、与えられたことは何でも「ハイ」とお受けすると、本当に良い人・物・事が現れてくるのだと実感しました。新しい方をお誘いしても、中々来て下さらず悩んでいると、先生が「母親教室に来て下さる、下さらないは神様におまかせしておけばいいのですよ。」と言われ、心が楽になり、お誘いする時にも、気負わずに勧めることができます。あとはお祈りをして待つだけでいいのだと解りました。

これからの社会は、もっともっと、生長の家の母親教室が求められるのではない

かと思います。何があってもこのみ教えを知っていたら、全てにおいて本当に大丈夫だと思えるようになりました。そして、気が付いてみますと二女のアトピー性皮膚炎も、ほとんど目立たなくなっていました。

私は今、私のような子育てまったただ中のお母さんや、またこれからお母さんになられる若い女性の皆さんに、母親教室の存在と、素晴らしさをお伝えして行きたいと思っております。ありがとうございます。

小学生〜中学生の体験

『人は一度人生で失敗をすると、大変失望落胆して、「もう取り返しがつかない」と思うかも知れないが、決してそんなことはない。(中略)ことに少年少女時代は、まだこの一生の出発点に立ったばかりであるから、いくらでも遅れを取りかえすことの出来る年齢だ。ところがそれを父や母があまりに心配して、「もうだめだ」と思いこんだり、信仰を失ったりすると、その暗い心で子供や少年少女をガンジガラメに縛りつけるため、結局無限力や豊かさを出させないようにしてしまうのである。』

（谷口清超先生著『人生はレッスンである』六〇〜六一頁）

生長の家の真理を学び実践することによって、母親の心が感謝に変わると、子供の状態も善い方向に展開します。ご主人の酒癖やお子様の不登校などが起こっても実相を観続けた西尾さん、お子様の長所を認め讃嘆するなかでアトピーや不登校が解消した矢野さん。青少年練成会に参加することによって素晴らしくなったお子様の姿に感動し、母としての観る目を変え、礼拝行を続けながら親子で向上して行かれた浅井さん。いずれの方も母親教室に通い、子育ての大切さを学びました。ここにこの方々をご紹介致します。

父との和解、長男の不登校を解決

京都府　西尾幸枝

　私は、生長の家に触れ、会員になったお蔭で、現在の幸せで当たり前の生活があります。と、いいますのも、私の生い立ちに関係があるからです。

　私の父と母は、私が三歳の時、母のわがままな性格と、父の暴力と大酒飲みが原因で離婚しました。私と兄は、母方の祖母の許で九年間育てられました。

　住み込みで仕事に出ていた母は、月に数回家に帰って来ましたが、私と兄は、母が帰ってくるのが待ち遠しくて、帰って来た母と一緒に布団の中にもぐり込み、むさぼる思いで母の温もりを感じていました。その頃の私の心は淋しさで一杯でした。月日が経ち小学校六年生の夏、母が小料理屋を始め、念願の家族三人で暮らす

ことができました。でもお店は夕方からなので、一緒に食事をするのは週に一度ぐらいでした。母は表現が下手でほめ言葉とか、日常の挨拶など、当たり前の言葉も余りかけてもらえませんでした。

そして年頃になり、二十四歳の時主人とお見合いをしました。自分の理想とする男性は、男らしく、心が広く、お酒をあまり飲まない人でした。お見合いをした時の主人は、男らしくて何か引かれるものを感じ、結婚しました。ところが生活してみると短気でよく怒るし、大酒飲みで酒に飲まれる人でした。昭和五十八年、長男を出産、六十年に次男を出産しました。次男はおっとりした子で、育てやすい子でしたが、長男は、とても感受性が強くよく泣いて、幼稚園の時は、毎日といっていいほど園から電話があり、悩んでいました。そして長男が八歳の時、近所の奥さんに誘われて初めて、生長の家の母親教室に参加しました。

とても良いお話でしたが、中でも「どのような理由があるにせよ、人を恨んでいたら幸せになれません。感謝できるようになりましょう」という言葉が私の心に強く残りました。それから何回か母親教室に通うようになり、私は渡部講師に主人へ

の不満や子育てのこと等、全ての悩みを打ち開けました。
渡部講師は、生長の家の真理を一所懸命話して下さり、私の心の暗闇に光が差し込み、考え方をマイナス面からプラス面へと方向転換することができました。また聖典をたくさん貸していただき、一心に読み続けていますと、私の心はだんだん安らいでまいりました。

でもそんな気持ちも一進一退で、現象面に辛いことが起きれば〝もう離婚しよう〟といつも思っていました。荒れた家庭の中でなんとか救われたい、幸せになりたい一心で、平成三年、家族で聖使命会に入会いたしました。平成四年四月には、支部長を拝命させていただきました。渡部講師から「幸せになるには、別れたお父さんに感謝しなさい」と指導され、私は地許の教化部での練成会を受け浄心行に参加して〝お父さんありがとうございます、お母さんありがとうございます〟と唱えている時、にこやかな父と母の顔が浮かんで参りました。そして、初めて父の存在を感じました。母にも特別感謝をしたことがなかった私ですが〝ああ、かけがえのない父であり、母であった〟と涙と共に三十一年間の心のわだかまりが消えてしま

いました。次の日、いつものように御先祖様に『甘露の法雨』を誦げていると、無性に〝父に逢いたい〟という気持ちが湧いてきました。父の居場所は、うすうす知っておりましたので、電話番号を調べ、胸をドキドキさせながら、初めて電話をした時の父の声に〝ああ、これが父の声なんだ〟と思いながら話したことが忘れられません。電話の向こうの父はびっくりしたようでしたが、嬉しそうでした。
そして平成四年八月、家族で父に会いに行きました。「父親の資格はないけれど、仲良く頑張ってくれ」という父の言葉を聞いた時、あんなにも父のことが嫌いで拒

絶していた私の心に、初めて父を受け入れる思いがわき、父に甘えたい気持ちになりました。父と握手をした時の、温かく、満たされた気持ちは忘れることができません。

それから次なる課題を与えられたのが、長男のことでした。小学校五年生から不登校が始まり、中学に入学してからはいじめに合い、学校に行かなくなりました。そして長男は不良友達とつき合うようになり、たくさんの問題を私に与えてくれ、その度にいろいろな方にお世話になりました。私は今まで長男を、問題児だ、大変な子だとしか見ることができず、長男を心から愛することができませんでした。

けれど、それからが、私にとって母親教室で教えていただいたことを実行する、正念場でした。どんなことがあっても長男の全てを受け入れ、息子の実相を観、祈り続けました。長男をほめて、息子の身体に触れ「実相円満」と称え続けていく内に、少しずつ心を開いてくれ、甘えてくれるようになりました。息子がそのような姿に現われるまで何度も泣きながら「新天新地の神示」を読み続けました。「なんじ一人ならば吾れを念じて吾れとともに二人なりと思え」という言葉を読む度に、〝あ

31

あ、私一人じゃない、神様がいるんだ、長男の中にも神様がいるんだ"と思い直し、真理の言葉に導かれ、神様のお守りの中で生かされていることに感謝しながら、神想観、聖経読誦に励みました。

そんな長男がある日「もうお母さんに心配かけない。ボク、家に居た方がいいだろう」と言ってくれたのです。長男はまさに私を導いてくれる観世音菩薩様でした。

その後中学校三年になってからは、落ち着いて穏やかになり、学校に行くようになりました。先生からは〝一番成長したのは息子さんですね〟とほめられ、無事に卒業することができました。今は仮設工事の現

場で仕事をしています。とても思いやりのあるやさしい子になり、現場監督になるのだといって真面目に働いております。

主人も、今ではお酒に飲まれるようなことはなくなり、心穏やかになり家族のために毎日頑張って、仕事をしてくれております。「問題は、必ず解決出来る」「真理は汝を自由ならしめん」まさに、この真理の言葉通りでありました。

今、振り返ると、父との再会、度重なる夫婦げんか、そして長男の不登校とたくさんの課題を与えられました。現実に目の前に起こっている問題と、円満完全な世界との間で起こる心の葛藤に耐え切れず、死のうとさえ思ったこともありました。その度に、〝必ず良くなる、絶対に良くなる〟と自分に言い聞かせ、み教えを信じてまいりました。そしてどんなに深くて苦しい悩みでも、最後には必ず真理の言葉に救われ、光に包まれ守られていることに、気付かせていただきました。

また、平成九年からは、講師補を拝命し、聖歌隊の対策部長として活躍しております。ありがとうございます。

母親教室に救われて
――長男のいじめ、アトピーが治る

兵庫県　矢野　泉

　小学校六年の長男は、小さい頃から友達とうまく遊べず、嫌なことは頑（がん）としてやらないという子供でした。小学校に入ってからも、手さげカバンに犬のフンを入れられるなどのいじめにあっていました。それでも、校長先生や諸先生方の、深切な言葉かけなどをしていただいて、不登校にはならずに通っておりました。
　ところが、小学校五年の時、どうにも気持ちが押えられなくなり、教室を飛び出したのをきっかけに、様々な問題行動を起こすようになりました。止めに入った校長先生を突き飛ばしたり、気に入らない上級生の教室に、授業中どなり込んだり、答案用紙を白紙で出したりと、どうにもならない状態でした。その上、長男の顔に

はアトピー性皮膚炎がでて、とても辛そうでした。

そんな時、同級生のお母さんから〝子育ての話を聞きに行かない？〟と誘われて、初めて母親教室の存在を知りました。参加して、暖かい雰囲気の中で自分の気持ちが、次第に和やかになっていくのが分かりました。

御講話の中で、「児童教育に関する神示」の中の「子供を神の子だと思うものは、子供を尊敬して出来るだけその世話をさせては頂くが、神が守っていて給うと信ずるが故に取越苦労は必要はないのである。人間力で子供を生かし得ると思うなら終日終夜起きて子供の番をしておれ。それは出来なかろう。出来ない間に子供を生かしているのは神の力である。」という教えや先祖供養のお話を聞いて、〝これで救われる〟と思いました。

それは、私の弟が二十六歳の時でした。車を運転していた弟は、遮断機のない踏切で電車と衝突し、即死したのです。日頃慎重な弟はその踏切では、いつも注意して渡っていたにも拘わらず、事故に遭ってしまったのです。二男がその弟にとても良く似ており、この子も弟と同じ運命をたどってしまうのではないかと、いつも不

安に思っていました。そう思うからなのか、三人兄弟の中で二男だけが、いつも脱きゅう、骨折、けががたえませんでした。溝に自転車に乗ったまま落ちて、まぶたの内側を切り、血だらけの顔で「どうして僕だけが、いつもこんな目に合うの、お母さん」と言われた時は、母親としての無力さに悲しい思いをしました。その時分は、まだ生長の家を知りませんでしたので、悪いことばかり考えずにすむ方法はないものかと、思っていたのです。けれど母親教室でのお話を聞いてからは、「心の法則」によって、現象の世界が現れてくることを知り、これからは善きことのみ心に描き、何事も明るく受け止めてゆけばよいと気付かせていただきました。

また、長男の問題行動に関しては、勧められるままに、「讃嘆日記」を書き続けました。不思議なことに、今までは長男の個性の強い性格は、欠点としか見えなかったのに、「讃嘆日記」をつけるようになって、欠点として見えていたものが、長男の長所としてたくさん見えるようになってきたのです。

「長所を認めてほめれば伸びる」の言葉通りになってきたなと、実感していた頃でした。私は、〝最近学校から電話がかかって来ないが、今日あたりかかってくるので

は〟というマイナスの思いを抱いてしまったのです。案の定、電話が鳴り、長男の担任の先生から、「反抗的な態度で向かってきたので、なぐりました。口の中を切ったのでそのことは謝ります」というお話でした。私はとてもショックでしたが、これを機に、なお一層「讃嘆日記」をつけていきました。例えば、〝○○先生、ありがとうございます。先生は長男を愛し、長男は先生を尊敬しています〟〝長男はやさしく元気で、お友達とも仲良く何でもできる神の子さんです〟。このように息子を始め、学校の先生やお友達に感謝し真心をもって「讃嘆日記」を書き続けました。

やがて長男が六年生になり、大好きな先生が担任になったといって、毎日楽しそうに学校に通うようになりました。今まで学校は嫌いだ、敵ばかりだと言っていたのが、楽しい楽しいを連発するように変わっていきました。先生にも授業中うるさいくらい質問しているようです。「もう大丈夫ですよ、どんなに素晴らしかったか一度見に来てもらいたいくらいです」との先生のお言葉を聞いて「讃嘆日記」をつけることの素晴らしさを、身をもって実感しました。

それから「讃嘆日記」が二冊目に入った頃、長男は小学校生活最後の運動会で応

援団長に立候補しました。グランドの真ん中で、堂々と大きな声でがんばる長男の姿に感動し、神様に感謝せずにはいられませんでした。

また、小学校で消防訓練があり六年生から代表で、男女一人ずつくじ引きで乗せてもらえることになり、どうしても乗せてもらいたかった長男はくじを引く前に神様にお祈りをし、見事当たりくじを引いたそうです。はしご消防車の一番高い所に乗せていただき、また一つ思い出が増え、卒業式には、今までで、一番晴れやかな顔で、出席できることと思います。また、この頃にはアトピーも目立たなくなっておりました。

どんな時にも〝大丈夫よ、いい子よ〟と励まして下さり、嬉しいことがあった時には、一緒に喜んで下さった

よくがんばったね
先生もうれしいよ

母親教室のリーダーさんに御恩返しをするためにも、毎月いただいていた普及誌の申し込みをいたしました。また、誘われれば参加していた母親教室でしたが、どんどん成長していく、わが家の神の子さん達に負けないようにと、現在は母親教室のリーダーとして頑張っております。ありがとうございます。

母親の心が変わったとき

島根県　浅井典子

生長の家は、十六年前に亡くなった母が熱心にしておりましたので、私も聖使命会員に入れていただいてはおりましたが、若い頃の私は、宗教は、歳を取ってからの趣味ぐらいにしか思っておらず、興味も持っておりませんでした。

母が、私が結婚をして長男を産んで間もなく乳癌で入院、一年余りの闘病の末、亡くなりました。あんなに信仰心の篤（あつ）い、人のお世話をするのが大好きな母が死んでしまうなんて、もう神も仏もないと思い、母が第20巻まで買っておいた『生命の實相』をダンボール箱に詰め倉庫に放り込んでしまいました。

残された父は晩年、糖尿病から目が不自由になっておりましたので、私達家族

は、私の実家に戻って暮らすことになりながら、私自身の心が神様から離れておりこんな辛い思いをするのは、さっさと死んでしまった母のせいだ、若い頃から酒好きで目が見えなくなった父のせいだ、と、両親を恨み親不孝な心で暮らしておりました。

そんな心が息子に現れたのでしょうか。小学校に入った頃から、たびたび担任の先生より苦情が来るようになりました。自分勝手な行動を取る、皆と同じことができない、がんこである、やりたくないことがあると、テコでも動かない。あげくには智恵遅れではないかと疑われる始末でした。

それでも、私はまだ神様の方に心を振り向けようとはしませんでした。ただ子供を叱りおどし、泣きながら息子に手を上げる、鬼のような母親になっていました。いよいよ中学生になって、最初にもらった通知表の一や二が並んでいるのを見た時には、血の気が失せました。相変わらずの自分勝手な行動と、やる気のなさが現れていました。問題行動も多く、ついには夫婦揃って校長室にまで呼び出される始

末です。これは、もうどうにもならないと思った時に、ハッと生長の家の中学生練成会を思い出したのです。

早速、息子を連れて行きました。三泊四日の練成会でしたが、自分勝手な息子がいつ逃げ出してくるかとハラハラしながら、最終日に迎えに行きました。ところが、諸先生始めスタッフの皆様方に、「とても頭の良いお子さんですね」と言われた時には、一や二ばかりの成績表をもって帰るこの子のどこがと、母親である自分の耳を疑いました。

それからの息子は、毎回練成会に参加し、それにつれて、段々と学校でも落ち着きがでてきて、成績もどんどん良くなってまいりました。

中学校三年の時には、体育以外全て、四と五という成績になっておりました。子供をバカだ、バカだと思っている間は、本当にその通りの息子となって現れていました。ようやく、この子は神の子で実相円満な素晴らしい子だと、観方を変え讃嘆しましたら、親の心が変わるにつれ、子供はどんどん良くなってきたのです。まことに、「認めるものが現れる」ということを私は、身をもって体験しました。本当に

素直でやさしい、世界一の息子であると、今は心から信じております。

実は昨年のお正月、九年余り家族同様に可愛がってきた猫が、交通事故であっという間に死んでしまったのです。あまりの悲しみとショックで、食事も喉を通らず、一週間で三キロも痩せてしまいました。何をしてくれるわけでもない、たった一匹の猫でさえ、こんなにも大きな支えになっていたのか……。

それなのに一番大事な夫に、私は、今まで感謝をしたことがあっただろうか。可愛い子供に感謝をしたことがあっただろうか。〝夫にハイですよ〟と、頭の中では解っているつもりでも、ついつい口応えばかりしている、本当に可愛くない妻でした。元気でいて下さるだけでもありがたいのに、毎日働いて大切なお金を持って帰ってきて下さる。たまには家事の手伝いもして下さる。私が夫だったら、ちゃぶ台の一つもひっくり返していたんじゃないかと思うような時でも、穏やかな優しい夫でした。

ああ、本当に申し訳なかった。もっと夫や子供に感謝をしよう。毎日、和顔、愛語、讃嘆で家族に接しようと心に誓いました。たった一匹の猫が最後に、小さな命

をかけて私に素晴らしい贈り物を残してくれたのです。
「哀傷(かなしみ)の奥には聖地がある」と谷口雅春先生はお説き下さいました。「無駄なものはひとつもない」と谷口清超先生はお教え下さいました。全てのものが自分の魂を向上させてくれると解った時には、目に映るもの全てが、愛しく美しく観え、やさしい気持ちになってきました。
今は亡き父母に、心より感謝し供養のためにもこれからは、「生長の家」の真理をもっと深く学び、多くの人達にお伝えして行きたいと思っております。

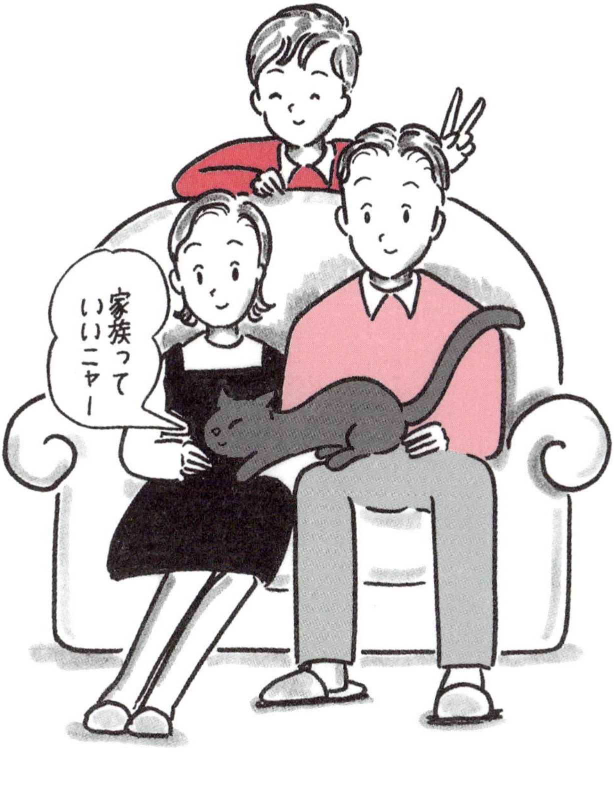
家族って
いいニャー

高校生の体験

「人間の本質のすばらしさを少年少女の時代に知ってもらうことが肝要だと思う。まともなあいさつ一つ出来なくてどうするか。利己主義で、欲ばりで自分本位であってはならない。それには何といっても「神性・仏性」こそが、あなたであり、又私であり、全ての人々だ。それを引き出す悦びの人生こそ、何よりもすばらしい生き方なのだと分ってもらう外はないと思うのである。」

（谷口清超先生著『すばらしい未来を築こう』四頁）

今、多発している青少年の諸問題は、学校・家庭教育のあり方に原因があると言われています。時代や社会環境がどの様に変化しても、人間とは何かという真の人間観が教育の前提になければ、正しい教育が成立するはずがないのです。ここに母親教室で学ぶ事により不登校のご子息の問題を克服され、救われた松井さんと矢森さん。また、ご長男が起こした仲間とのトラブルを解決された、本間さんの体験をご紹介致します。

長男の不登校が教えてくれた「母親教室」の素晴らしさ

長野県　松井光子

　高校一年の長男が、平成八年の夏休み明けより、学校へ行きしぶり、九月中旬頃からまったく学校へ行かなくなってしまいました。けれども、私は根がのんきなものですから、疲れが出たんだろう、ひと休みすれば、きっと行くようになると、余り深く心配もせず、のんびり構えていました。
　ところが十日たっても、二十日たっても全く行こうとしません。ああ、これが不登校？　やっとその時、気付きました。どうしてそうなってしまったのか、全く見当もつきません。親子で話し合い、先生も、何回も家に足を運んで下さいましたが、これといって、解決の糸口は見つかりませんでした。

けれども私は、子供に、どうしても学校へもどってほしいとは思いませんでした。息子の心が少しでも楽になってくれればいい、そう思うのみでした。ありがたいことに、主人もまったく同じ考えで、どうして学校へ行かないのかと、長男を責めることは、まったくありませんでした。

長男は、毎日、ビデオ、ファミコンなどで、一日を過ごしていましたが、ビデオを見て笑っていても、その顔に、本当の輝きは、見えませんでした。私は、市の電話相談を受けたり、神癒祈願をしたり、普及誌、機関誌も読み、真剣に聖経読誦をし、永代供養、自然流産児の供養と、良いと勧められることは何でもしました。また、本人はカウンセリングを受けたりしておりました。

そんなある日、気晴らしに行った私の実家で、長男がフッと呟いたのです。〝俺、プレイステーションほしいなあ〟。すると母が、「淳ちゃん、もし宇治へ十日間練成に行ったら、そのプレイステーション、おばあちゃんが買ってあげよう。」と言ったのです。すると長男は、すぐその気になりました。"何千万円積まれても、俺は今、学校へは行けない〟と言っていた長男が、たった数万円のゲーム機で、宇治へは行

くというその気持ちが、母親の私には理解できませんでした。けれど実家からの帰り道、学校へ行かないことでは涙は出ませんでしたが、息子が宇治へ行くという言葉が嬉しくて、涙が出てしかたありませんでした。それは、"これで息子は救われる"という確信があったのかも知れません。

長男の宇治行きには、姉に付き添ってもらい、十二月十日、篠ノ井駅より出発して行きました。その数日後、道場の先生から突然電話があり、「お母さんも宇治に来られませんか。」と言われたのです。とても行かれる状態ではなかったのですが、「明日、行くことに決めるか」と主人が言ってくれ、家族全員、宇治の別格本山へ行くことができました。何の連絡もしないで突然行ったので、長男の驚きようといったらありませんでした。

宇治では、輪読会、講話、面接と、一つ一つの行事に、感動と懺悔の気持ちで泣き通しでしたが、その度に心が浄化されて行くのが分かりました。今までいかに、自分のことばかり考えていたか、もっともっと、回りの人に愛を与えて行こうと決心をしました。たった一泊だけでしたが、真理の言葉が心の奥深く沁み入りまし

た。長男は宇治から、毎晩電話で、一日の出来事を報告してくれました。そして、"これからは、今迄の俺じゃないからね"と力強く約束してくれたのです。

長男が宇治から帰って四日後、学校で三者懇談会がありました。長男は不安気でしたが、当日は、案外にあっさりと学校へ行き先生から"冬休み明けまでに、これからの自分の方向を先生に伝えてほしい。"とのお話がありました。長男は、学校へ行く方向に気持ちは固まっては来ているものの、やはり不安で一杯のようでした。

その年のお正月は、長男と私達親子の、正念場でした。私はひたすら、長男の実相

を拝み続けながら、親として毅然とした態度で長男に接していきました。私の今迄の愛は、真綿でやさしく包むようにして、ただ甘やかしてきた、私に不足していたものは、この毅然とした厳しい愛だったのではないかと反省し、そのことに気付かせてくれたのが長男でした。

学校が始まるまでの長男の心の葛藤は、相当なものでした。私の厳しい態度で頼るもののなくなった長男は、真理の書の方にどんどん向かって行きました。そして一月七日の、明日から学校が始まるという日、家族で話し合いました。主人が、「一月八日が始業式で、九日が試験なら、十日の日から、行ってみるか。」と申しました。私は、八日から始まるなら、八日がいいんじゃないかとチラッと思いましたが、主人がそう言うのなら、やっぱり十日が一番なんだと思い直しました。そしていよいよ、その一月十日の朝、長男は玄関で力強く握手をして、そして案ずる暇もない程、あっさりと飛び立つように行ってしまいました。その朝の招神歌は、涙で声が震えてしまって、あげることができませんでした。学校から帰った長男は、〝今日の日のことは一生忘れない、感動した。″と言っておりました。別室に

いた長男の所にクラスの仲間が顔を出してくれたそうです。長いブランクを全く感じることもなく、"やあ！　久し振り！"と明るく挨拶を交わせたそうです。"みんなも俺のこと、すごく心配してくれていたんだなあ"と沁々言っておりました。

その数日後、長男はお礼が言いたいと、学校の帰りに寄った私の実家で、姉に言ったそうです。「おばちゃん、悩みって、一つ解決すると、みんな一緒に解決してしまうね。何か変なんだよ、みんなすごく変わってしまって、すごく深切なんだよ。」
「それは、淳ちゃん、あなたが変わったからだよ。」と姉は話したそうです。後から

思うと、始めて登校できた一月十日は、宇治へ長男が行った十二月十日の丁度一カ月後でした。そしてその日から、一日も休まず学校に行きました。

また、学校の先生から〝今日、校長、教頭先生を始め他の先生方と話し合い、進退を決定します〟という電話をいただきました。日数的にもギリギリで留年の可能性も大きかったようです。夕方、先生から電話をいただきました。私は〝大丈夫〟という気持ちで聖経読誦をし、神想観をしました。先生から電話をいただきましたが、私は先生が何も話さないうちから、「今日は、本当にありがとうございました。」とお礼を言っていました。先生も明るい声で「よい方向に決定しました。今迄には、あまり例のないことです。長い不登校の後に、こんなにクラスにスムーズに溶け込み、その後、休まず頑張っているのは、特別な例です。」と仰って下さいました。

今、不登校に悩んでいる御家庭は本当に多いと思います。私達親子はこの体験を通して、悩んでいる人をお助けする使命があると思います。私は今、一人でも多くのお母さん方に、この母親教室の素晴らしさを知っていただきたいとの、使命感に燃えています。ありがとうございます。

母親教室で子育ての不安解消

札幌市　本間ひろ子

　私が生長の家を伝えられましたのは、実家の母からでした。私の母は聖典を読むだけの信仰をしていましたが、私は本を読むこともなく、むしろ父が宗教を嫌っていましたので、振り向くことはありませんでした。

　長女が昭和五十六年に産まれまして、母から、「生長の家には、母親教室というのがあるらしいから探して行ってごらん。」と教えられました。早速、千葉県の教化部で、近くの母親教室を教えていただき参加しました。とても暖かい雰囲気の会場で、二十名以上の若い人が参加して、皆さん生き生きとしていたのが印象的でした。

　当時、私は一歳に満たない長女を胸に抱きながら、子供の交通事故や、水に溺れ

たニュース等を、見たり聞いたりするにつけ、"この可愛い私の大切な子供が、もしそうなったらどうしよう。"と、まだ歩けもしないうちから、心配と不安な気持ちで一杯でした。でも、母親教室に行くと心が落ちつき、毎回毎回が感動でした。講師の先生が、「この世の中には、交通事故も、水に溺れることも、何だかとても安心しました。本当は無いのですよ。」と仰った言葉が、私の心に響きまして、深く理解した訳ではありませんでしたが、後に、「児童教育に関する神示」を読んで納得しました。

私もいつかは、こんな楽しい母親教室を開きたいと思っていました。千葉では丁度一年間だけお世話になり、夫の転勤で札幌に引っ越しましたが、当時札幌では、近くに、母親教室がありませんでしたので、誌友会に参加していました。

二人目の子供が産まれまして、ある時、支部長さんに、「母親教室を開いて見ませんか。」とお誘いを

受けました。子供はまだ小さかったのですが、念願叶って、教室を開くことができました。子供のお友達のお母さんや、幼稚園のお母さん方を多勢お誘いして、地区の皆様にも、応援していただきながら、楽しく、開くことができました。そうするうちに、「あなたも支部長ね。」といわれ、子供を抱えた私でもできるのかしらと思いながら、支部長を拝命し、支部長会議にも参加させていただくようになりました。

平成八年に、私は病院で、「子宮筋腫です。すぐ手術が必要です。」と言われましたが、貧血のため、二週間程、増血剤の注射を打っているうちに、筋腫がすっかり消えるという体験をいただきました。子宮の病気は夫婦の問題と教えていただき、夫に対して行き届かない自分を過去までさかのぼって反省し、一番大切な夫の心に添えない自分があったことを懺悔し、感謝できた時、子宮筋腫は消えていました。

また、長男が高校一年の時、クラスの仲間とケンカをしたということで、自宅謹慎で、私も一緒に一週間程謹慎ということがありました。その時私は、長男が起こした事件に対して、先生がもう少し、子供の気持ちを理解して下さったらとか、教師なら裁判官のような言葉でなく、もっとやさしく言葉を選んで下さったらとか、先

先日のことです。家族で食事中、私が冗談まじりに、「お母さんは、毎日生長の家、生長の家って生長の家のことばかりで、一円の収入にもならないことをしているもんね。」と言いますと、夫が、「そうだけど、お母さんのやっていることが、回り回って、僕らのところに巡って来てくれているよ。」と言ってくれたのです。夫は解っていてくれるのだと、とても嬉しく思いました。お蔭様で、ただ今はすべてが順調に整って来ています。

真理を学びながら、光明化運動に参加させていただくうちに、地区連合会長、母親教室対策部長と、お役を拝命し、皆様に、支えていただきながら、喜びと、感謝の生活をさせていただいております。これから、更に神の子の自覚を深め、光明化

生に対する不満が一杯でした。先生方に『生命の實相』をお渡ししてみようかとか、いろいろ考えたりしましたが、結局、全部私自身の勉強だったのだと解りました。こうして、真理を学んでいく中、子供はいろいろな姿で、私に課題を与えてくれます。その度に、神想観を覚え、聖経読誦をし、『生命の實相』特に、頭注版第14巻を読み、講演会に参加したりして、一歩ずつ進んで来たような気がします。

運動に邁進いたします。ありがとうございました。

み教えを知り、たくさんの功徳をいただいて

福島県　矢森澄江

私が生長の家を知りましたのは、図書館にあった『病いが消える』という一冊の本との出合いでした。病気が消えるなんてあるはずがない、と思いつつも手にしました。読んでいくうちに、なんて素晴らしい本なんだと感動し、もっとこの谷口清超先生の本はないかと探してみましたが、見当たりませんでした。

そんな頃、同じ職場の方の机の上に谷口雅春先生の本があり、私は興奮気味に尋ねたところ、生長の家という宗教の本だということを知り、それから、その方に毎月『白鳩』誌をいただくようになり、母親教室にも誘っていただきました。

そうして一年近くなる頃、当時、中学二年生だった息子が不登校になってしま

い、母親教室でお世話をして下さる木幡先生に相談したところ、「一番苦しんでいるのは息子さんですよ。」と、言われたのです。それから練成会に参加したり、宇治別格本山に行って流産児供養をしたり、真理の本を読んだり、朝と夜に神想観、聖経読誦を行い、普及誌の愛行も三十部から八十部、そして現在は、百部にさせていただいております。

息子が不登校になったことが縁で、私が生長の家のみ教えを一所懸命勉強させていただくことになり、その結果たくさんのお蔭をいただきました。

実家の母の目が失明するかもしれないという時でした。お医者様からは、手術をしても成功率が低く、成功しても視力の方は今より良くならないと言われましたが、手術の結果、視力も上がり、お医者様から「奇跡だ」とまで言われました。
母に生長の家のことや祈っていたことを話すと、大変驚き、それをきっかけに、母も普及誌を二十部愛行し、生長の家を知ったことで毎日が楽しいと話し、弟夫婦と一緒に、聖使命会員になってくれました。また、この一年間で同じ職場の方々に普及誌を購読していただいたり、聖使命会員になっていただきました。
同じ職場の一人の方は、御主人が入院し、かなり時間を要すようで安静ということでした。この方に生長の家を教えてあげたいと切に思いました。勇気を出して今まで神想観をして良くなってきたことを話したり、先祖供養の大切さ等、自分の体験をお話しました。するとその方は、亡くなった姑さんが生長の家を信仰していたが、家族で反対していたこと等を話して下さったのです。私は、時間を決め、聖経読誦をしていただき、私も祈りますからと、約束しました。その後、一ヵ月ほどでその方のご主人は退院となりました。

また、もう一人の方のお父さんが胆石だったのですが、やはり共に祈ることで一カ月で消えてしまい、その方も聖使命会員になって下さいました。また、別の知人の娘さんが、精神的におかしくなり家庭内暴力で悩んでいると、相談を受けましたので、練成会を受けていただき、流産児供養をしたところ、嘘のように暴力が消えてしまいました。

こうして、一人でも多くの方に生長の家を知っていただきたいと常に心の中で思っていますと、い

ろいろな悩みや相談を受けます。そんな時母親教室で勉強していることが仕事場で生かされています。また、現在は地方講師として頑張っております。

これからの私の目標は、母親教室を一つでも多く開くことです。私の住んでいる地域の方に、生長の家をお伝えしていくことが私の使命だと思っています。そして、気がついてみますと、息子の不登校もなくなり、高校生で元気に学校に通っています。ありがとうございます。

大学生～青年の体験

『(前略) 人間は何歳になっても進歩向上する素質を持っている。「人間・無限力」とはそういうことであって、もう手遅れということはない。忍耐強く練習をし、訓練すれば、必ずよい子に育つし、よい娘や息子の神性が〝復活〟するのである。父母の感化力や教育力は実に大きいもので、子供や夫婦の仲をよくし、家庭をよくするのも、悪くするのも、父母の力量と努力次第ということができるであろう。』

(谷口清超先生著『限りなく美しい』一八四頁)

親の愛と保護から独立する青年期には、子供は自分の責任で自らの運命を拓(ひら)いて行かねばなりません。独り歩きを始めた人生の中で、時には不慮の事態に陥ることがあるかもしれません。この様なとき、親はどのように祈り、接すればよいでしょうか。ここでは、子供の怪我により生長の家の素晴らしさをさらに深く学ぶ決意をされた秋山さん、子供を信じ神に全托して愛行を続けられた杉村さんを、ご紹介致します。

子供に導かれて

高知県　秋山幸恵

　私は、十八歳で電気店の長男である主人と見合い結婚を致しました。新婚旅行はずっと先送りになっていましたが、二十一年目にしてやっと、夫婦でアメリカ旅行に行くことになり、準備を整えて楽しみにしておりました。
　出発の前夜、筑波大学二年の長男がバイク事故を起こし、つくば市内の病院から、「息子さんの生命は明日の朝まで責任持てません」と電話がありました。実はその日の夕方、高校三年の次男もバイクで田んぼに落ちて鎖骨を骨折しました。次男の付き添いを実家の母に頼みに行ったところへ、長男の事故の知らせがあったのです。ショックのあまり、言葉を失い、座り込んでしまいました。
　その時、フッと生長の家のことを思い出しました。当時、生長の家の熱心な方からたびたびお話を聞かせていただいておりました。また、ご先祖様に朝夕、感謝の

お祈りもしておりました。私は「生長の家の神様、ご先祖様、息子の生命を助けて下さい。助けてくださーい」と叫ぶような思いで真剣に、朝まで『甘露の法雨』を読誦し続けました。

主人と翌朝の飛行機で高知を発ち、病院に着いたのは午前十一時十分頃でした。病室に入り息子の姿を見るまでは、生きた心地がしませんでした。医師の説明によると、長男は明け方まで悲鳴を上げていたそうですが、その後は眠っているとのことでした。祈りが通じたのでしょうか、助かっていたのです。息子の状態は頭蓋骨にひびが入り、まゆ毛は切れ、顔は化け物のように膨れておりました。医師からは「生命は助かりましたが、両目失明です」と言われましたが、片目ずつ回復し、五日目には両目とも見えるようになりました。生長の家の神様、ご先祖様に心から感謝致しました。

半月後には、高知医大へ転院し、通院だけでいい程に回復しました。しばらくして大学に戻り、無事卒業致しました。私たちは、聖使命会員に家族全員で入会し、神想観、先祖供養、愛行を毎日行更に真剣に生長の家を学ばせていただきました。

じておりますと、人間は神の子だということが泌々と実感できるようになりました。

現在、長男は二児の父親に、次男は一児の父親となり、幸福な日々を送っております。私は平成十年十月より支部長を拝命し、平成十一年七月より母親教室のリーダーもさせていただいております。これからも、もっとこのみ教えを学び、皆様にお伝えしてまいります。

働きながら母親教室を開催する喜び

長崎県　杉村佐代子

私は農家に嫁ぎ、三人の子供を育てながら、母親教室と白鳩誌友会を開催してお

りますが、昼間は主人とカーネーションハウスで働いていますので、夜の開催です。仕事をもつお母さん達が集まり、お友達もでき、楽しい教室になっております。主人は、指導講師をお送りするためにいつも車を運転してくれます。帰路は主人と二人で会話がはずみ、幸福な一時です。わが家では、姑も支部長として昼間の白鳩誌友会を開催しています。姑は、私が生長の家のことで家を空ける時、いつも気持ちよく送り出してくださり、二人のよき協力者を得てとても幸せです。三人の子供も幼い頃から生命学園と青少年練成会に参加させました。とても明るく素直なよい子に育ってくれました。

所が、長女が就職して一年ばかりたった頃でした。ある夜、ドライブ中に事故を起こし、よその店先に飛び込んでしまいました。警察の調べを受けたり、飛び込んだお宅にお詫びに行ったりで、相当ショックを受けていました。私は動揺を抑えながら、怪我をしなかったことだけでも感謝するように諭しましたが、娘は置き手紙をして家を出てしまいました。手紙の最後に〝私はお父さん、お母さんの子供で良かったです。本当にありがとうございました。〟と結んでありました。〝両親に感謝

が出来る娘は大丈夫〟と私は確信を持ち、百パーセント娘を信頼し、神さまに全托し、娘の無事を祈りながら、従来にも増して生長の家の教えを実践し続けました。四カ月過ぎた頃、突然、娘が戻って来ました。私は娘を思いっ切り抱きしめ、主人も優しく迎えてくれました。娘は福岡の友人宅にお世話になっていたそうです。その後、結婚話がまとまり、今は二児の母親となっております。

また、長男は高校二年生の時にクラブ活動で体を痛めたことから落ち込んでしまい、転校せざるを得ない状況になりましたが、転校先で生長の家の真理を学び、卒業の後、専門学校で勉強を重ね、現在は素晴らしい職場で元気に働いております。そして次男は兄を尊敬し、兄のようになりたいと元気に勉強しております。子供の問題を通して、真剣に生長の家の真理を学び、生活の中で生かすことの大切さを勉強しました。これからも子供の人生の良き応援者になってまいりたいと思います。

〝人間神の子〟の真理を一人でも多くの方々にお伝えし、幸せな家庭がどんどん増えますよう、励んでまいります。

各教区の教化部（教）まで、お気軽にどうぞ。

教区名	所在地・電話番号
静岡県（白）	〒432-8011　浜松市城北2-8-14 ☎ 054-264-0505　FAX 053-471-7195
愛知県（白）	〒460-0011　名古屋市中区大須4-15-53 ☎ 052-262-7762　FAX 052-262-7751
岐阜県（白）	〒500-8824　岐阜市北八ッ寺町1 ☎ 058-266-6237　FAX 058-267-1151
三重県（白）	〒514-0034　津市南丸之内9-15 ☎ 059-225-6639　FAX 059-224-0933
滋賀県（白）	〒527-0034　八日市市沖野1-4-28 ☎ 0748-24-0271　FAX 0748-24-2141
京都第一（白）	〒606-8332　京都市左京区岡崎東天王町31 ☎ 075-761-3053　FAX 075-761-3276
京都第二（白）	〒625-0081　舞鶴市北吸497 ☎ 0773-63-5080　FAX 0773-63-7861
奈良県（白）	〒639-1016　大和郡山市城南町2-35 ☎ 0743-53-4608　FAX 0743-54-5210
大　阪（白）	〒543-0001　大阪市天王寺区上本町5-6-15 ☎ 06-6761-2900　FAX 06-6768-6385
和歌山県（白）	〒641-0051　和歌山市西高松1-3-5 ☎ 073-425-1173　FAX 073-436-7267
兵庫県（白）	〒650-0016　神戸市中央区橘通2-3-15 ☎ 078-351-6463　FAX 078-371-5688
岡山県（白）	〒703-8256　岡山市浜1-14-6 ☎ 086-273-2458　FAX 086-273-3581
広島県（白）	〒732-0057　広島市東区二葉の里2-6-27 ☎ 082-263-6611　FAX 082-263-5396
鳥取県（白）	〒682-0022　倉吉市上井町1-251 ☎ 0858-26-5103　FAX 0858-26-6919
島根県（教）	〒693-0004　出雲市渡橋町542-12 ☎ 0853-22-5331　FAX 0853-23-3107

教区名	所在地・電話番号
山口県（白）	〒754-1252　吉敷郡阿知須町字大平山1134 ☎ 0836-65-1429　FAX 0836-65-5954
香川県（白）	〒761-0104　高松市高松町1557-34 ☎ 087-843-8081　FAX 087-843-3891
愛媛県（白）	〒791-1112　松山市南高井町1744-1 ☎ 089-976-4471　FAX 089-976-4188
徳島県（白）	〒770-8072　徳島市八万町中津浦229-1 ☎ 088-622-6170　FAX 088-625-2606
高知県（白）	〒780-0862　高知市鷹匠町2-1-2 ☎ 088-873-5429　FAX 088-822-4143
福岡県（白）	〒818-0105　太宰府市都府桜南5-1-1 ☎ 092-921-1415　FAX 092-921-1523
大分県（白）	〒870-0047　大分市中島西1-8-18 ☎ 097-532-5803　FAX 097-534-6347
佐賀県（白）	〒840-0811　佐賀市大財4-5-6 ☎ 0952-22-3035　FAX 0952-23-7505
長崎南部（白）	〒852-8017　長崎市岩見町8-1 ☎ 095-862-1154　FAX 095-862-0054
長崎北部（白）	〒857-0027　佐世保市谷郷町12-21 ☎ 095-623-0837　FAX 095-622-4758
熊本県（白）	〒860-0032　熊本市万町2-30 ☎ 096-322-8254　FAX 096-354-7050
宮崎県（白）	〒880-0015　宮崎市青島1-8-5 ☎ 0985-28-1905　FAX 0985-29-9978
鹿児島県（白）	〒892-0846　鹿児島市加治屋町2-2 ☎ 099-222-2207　FAX 099-224-4089
沖縄県（白）	〒900-0012　那覇市泊1-11-4 ☎ 098-867-7247　FAX 098-868-8807

●母親教室へのお問い合わせは、下記の白鳩会教区連合会（白）又は、

教区名	所在地・電話番号	教区名	所在地・電話番号
札幌（白）	〒064-0804　札幌市中央区南4条西20-1-21 ☎ 011-562-5911　FAX 011-561-1613	茨城県（白）	〒312-0031　ひたちなか市後台字片岡421-2 ☎ 029-272-4521　FAX 029-273-2429
小樽（白）	〒047-0033　小樽市富岡2-10-25 ☎ 0134-24-1592　FAX 0134-34-1550	栃木県（白）	〒321-0933　宇都宮市梁瀬町字桶内159-3 ☎ 028-636-7839　FAX 028-633-7999
室蘭（白）	〒050-0082　室蘭市寿町2-15-4 ☎ 0143-43-5785　FAX 0143-43-0496	群馬県（白）	〒370-0801　高崎市上並榎町455-1 ☎ 027-361-2629　FAX 027-363-9267
函館（教）	〒040-0033　函館市千歳町19-3 ☎ 0138-22-7171　FAX 0138-22-4451	埼玉県（白）	〒336-0923　さいたま市大字大間木字会ノ谷483-1 ☎ 048-874-5478　FAX 048-874-7441
旭川（白）	〒070-0810　旭川市本町1-2518-1 ☎ 0166-51-2410　FAX 0166-53-1215	千葉県（白）	〒260-0032　千葉市中央区登戸3-1-31 ☎ 043-247-3143　FAX 043-246-9327
空知（教）	〒073-0031　滝川市栄町4-8-2 ☎ 0125-24-6282　FAX 0125-22-7752	神奈川県（白）	〒246-0031　横浜市瀬谷区瀬谷3-9-1 ☎ 045-303-4637　FAX 045-303-6695
釧路（白）	〒085-0832　釧路市富士見3-11-24 ☎ 0154-43-2388　FAX 0154-44-2523	東京第一（白）	〒112-0012　文京区大塚5-31-12 ☎ 03-5319-4051　FAX 03-5319-4061
北見（教）	〒099-0878　北見市東相内町584-4 ☎ 0157-36-0293　FAX 0157-36-0295	東京第二（白）	〒183-0042　府中市武蔵台3-4-1 ☎ 042-574-0644　FAX 042-574-0616
十勝（教）	〒080-0802　帯広市東2条南27-1-20 ☎ 0155-24-7533　FAX 0155-24-7544	山梨県（白）	〒406-0032　東八代郡石和町四日市場1592-3 ☎ 055-262-9603　FAX 055-262-9601
青森県（白）	〒030-0812　青森市堤町2-6-13 ☎ 0177-73-4726　FAX 0177-23-4148	長野県（教）	〒390-0862　松本市宮渕3-7-35 ☎ 0263-34-2627　FAX 0263-34-2626
秋田県（白）	〒010-0023　秋田市楢山本町2-18 ☎ 018-835-9044　FAX 018-834-3383	新潟越南（白）	〒940-0853　長岡市中沢3-364-1 ☎ 0258-32-8401　FAX 0258-32-7674
岩手県（白）	〒020-0066　盛岡市上田1-14-1 ☎ 019-654-7381　FAX 019-623-3715	新潟北越（白）	〒951-8133　新潟市川岸町3-17-30 ☎ 025-233-5106　FAX 025-231-3164
山形県（白）	〒990-0021　山形市小白川町5-29-1 ☎ 023-642-5740　FAX 023-641-5148	富山県（白）	〒930-0103　富山市北代6888-1 ☎ 076-434-3551　FAX 076-434-1943
宮城県（白）	〒981-1105　仙台市太白区西中田5-17-53 ☎ 022-242-5427　FAX 022-242-5429	石川県（白）	〒920-0022　金沢市北安江1-5-12 ☎ 076-261-2361　FAX 076-224-0865
福島県（白）	〒963-8006　郡山市赤木町11-6 ☎ 024-922-7062　FAX 024-938-3416	福井県（教）	〒918-8057　福井市加茂河原1-5-10 ☎ 0776-35-1555　FAX 0776-35-4895

シリーズ 母親教室と私 1
明るい家庭と楽しい子育て

発　　　行	平成13年 4 月 1 日　　　初版発行
	平成14年10月25日　　　4 版発行
編　　　者	生長の家白鳩会中央部 <検印省略>
	©Seicho-No-Ie, 2001
発　行　人	岸　重人
発　行　所	株式会社 日本教文社
	東京都港区赤坂9-6-44 〒107-8674
	TEL 03 (3401) 9111 (代表)
	03 (3401) 9114 (編集)
	FAX 03 (3401) 9118 (編集)
	03 (3401) 9139 (営業)
頒　布　所	財団法人 世界聖典普及協会
	東京都港区赤坂9-6-33 〒107-8691
	TEL 03 (3403) 1501 (代表)
	振替00110-7-120549
電子組版	レディバード
印刷・製本	(株) 光明社
本文イラスト	松永詩子
装　　　幀	松下晴美

ISBN4-531-02221-1　Printed in Japan

乱丁本・落丁本はお取り替えいたします。
定価はカバーに表示してあります。

日本教文社のホームページ　http://www.kyobunsha.co.jp/